Tom de Toys

AF239368

ZIELE DER ZÄRTLICHKEIT

1 1 7 E.S.-Beispiele für "Erweiterte Sachlichkeit"

1994 – 2024

Hrsg. G&GN-INSTITUT
© POEMiE™ @ liebeshormon.de

Über dieses Buch: 117 echte, erfüllte Liebesgedichte gemäß der Theorie *"Erweiterte Sachlichkeit"* (E.S.) von 1994 bis 2024 gegen den germanistischen Etikettenschwindel, der seit Jahrhunderten Sehnsuchtsgedichte als Liebeslyrik vermarktet. **Nur 5% aller sogenannten Liebesgedichte handeln von der erfüllten Liebe, während der große Rest nur die Sehnsucht nach Liebe oder ihren Verlust und die Vergänglichkeit thematisiert.** Durch die Entdeckung des spirituellen Unterschiedes zwischen der Sehnsucht und ihrer Erfüllung mithilfe der E.S.-Kriterien gelingt eine radikale Begrenzung des Begriffs Liebeslyrik auf solche Beispiele, in denen die Liebe als eine existenzielle Qualität von wahrhaftiger Begegnung erfahrbar wird.

Über den Autor: TOM DE TOYS (geb. 1968 in Jülich) vertritt schon seit 1989 die transreligiöse Poetologie einer antimetaphorisch-direkten *"Neuropoesie"*, die seit 1994 in seiner E.S.-Liebeslyrik und seit 2001 in seiner Quantenlyrik zur Anwendung kommt. Seit 2014 erscheint eine Auswahl aus seinem umfangreichen Gesamtwerk im BoD-Verlag, darunter Gedichte, Kurzgeschichten, Essays, Manifeste, Reportagen, Rezensionen, Sekundärliteratur und Kunstfotos. Seit 2023 arbeitet De Toys als Chauffeur für Trauergäste & Grabbesucher auf dem Düsseldorfer Nordfriedhof. Zuletzt erschien der Fotoband *"OASE DER ANDACHT"* zum 140. Jubiläum des Nordfriedhofs 2024.

Publikationen: POESIEALLEE.de & NEUROGERMANISTIK.de

Poetryclips: LYRIKPERFORMANCE.de & LYRIKLOUNGE.de

Kulturmanagement: DIGITALASSISTENZ.de & SCHULGEDICHTE.de

Jobseiten: BETREUUNGSALLTAG.de & FRIEDHOFSFAHRER.de

Profil / Vita / Lebenslauf: TomHolzapfel.de & TomDeToys.de

2. erweiterte Originalausgabe (Januar 2025) von 2014
ISBN 978-3-7597-9266-2
© POEMiE™ @ G&GN-INSTITUT, Düsseldorf-**E**.ller **S**.üd

Verlag: BoD · Books on Demand GmbH, In de Tarpen 42,
22848 Norderstedt, bod@bod.de
Druck: Libri Plureos GmbH, Friedensallee 273, 22763 Hamburg

"Jene Liebe, welche die Familie gründete, bleibt in ihrer ursprünglichen Ausprägung, in der sie auf direkte sexuelle Befriedigung nicht verzichtet, sowie in ihrer Modifikation als zielgehemmte Zärtlichkeit in der Kultur weiter wirksam. In beiden Formen setzt sie ihre Funktion fort, eine größere Anzahl von Menschen aneinander zu binden und in intensiverer Art, als es dem Interesse der Arbeitsgemeinschaft gelingt."

Sigmund Freud, 1939 in:
DAS UNBEHAGEN IN DER KULTUR

"Denn das, was die Liebenden in diesem Augenblick füreinander fühlen, ist nichts anderes als Anbetung im eigentlichen religiösen Sinne des Wortes, und seine Klimax ist beinahe wörtlich das Ineinanderströmen ihrer Leben. (...) Wenn aber das ganze Erleben empfangen wurde, findet man sich hinterher in einer wunderbar verwandelten und doch ungewandelten Welt, einer Welt der Geistigkeit und Geschlechtlichkeit. Denn der Geist und die Sinne brauchen sich nicht selbst zu öffnen; sie finden sich ganz von selbst aufge- schlossen, und es wird deutlich, daß die göttliche Welt keine andere als die alltägliche Welt ist."

Alan Watts, 1958 in:
NATUR – MANN UND FRAU

"Geliebt worden zu sein – mit einem Mal verstand ich, welch gewaltiges Kompliment das ist ! Und doch hatten wir oft und oft (was uns köstlich amüsierte) nicht einmal bemerkt, ob wir tatsächlich Liebe gemacht hatten oder nicht – so heftig war die Einsicht gewesen, so intensiv der Austausch von Präsenz und Berührung."

Lawrence Durrell, 1980 in:
DAS LÄCHELN DES TAO

WIEDERGEBORENE

wir nahmen
uns
in uns
und schauten
in den augen
in den mündern
das beseelte
mich mit dir und
dich mit mir und
hatten hunger
aus winternächten
da wir zwischen
häuser rannten
die den krieg
erinnern wohnen
überall in uns
verblieben
verblieben

ENTARTETE

geteiltes glück ist millimeterarbeit
morgens neben dir
erwacht geteiltes
glück ist
millimeterarbeit unverbrauchter
schenkel schmiegen sich im
hinterland der öffentlichen
brennstoffmängel noch nach jahren
schamlos sachlich als
ein zuckerfreies grab mit
neongrüner beleuchtung von allen
seiten aufgerichtet wie
die echte stunde null
mein weltkrieg endet
bei dir

SCHATTENFRESSER

den gierigen schwan mit
deinen grünen knochen
in meinen weichen händen
füttern den milden seewind
der gleißenden spiegelsonne
schützend
das ohr am nacken
gelehnt die lippen
feucht vom sitzen
auf der innenseite
unserer haut zwitschern
leibhaftige engel von
ruhe durchdrungen von ruhe

30.6./1.7.1995, 4.E.S.

FREMDGÄNGER

lichtdurchströmte schädel
fallen kurz ins ewige
beisammen sein
die hände halten sich
die zungen spielen
frieden und
die liebe wächst
zur unbedingten
berührbarkeit seelischer
leibträger

LÖCHERREIßER

unsre seele wandert
durch die gegenwart
der zungenschmelze
wirklichkeitsverträumte
opferzone ausgesprochener
gefühlsenteignung in
den weißen augen nagt
ein feuchter brand
bewusster
wiederholung des einmaligen
geschehens sogenannter
so genannter
findlinge

SONNENGRÜßER

schlafverschrecktes
glühen unsrer seelenhaut
beim zweiten wimpernzucken
immer noch
dem lächeln ausgeliefert
zeitverzehrend
dann
die restlichen klischees
und dieser strenge
abschied ohne trennung

KERNTRÖSTER

dein zaubergesicht
in meinen händen
deine tränen
auf meiner zunge deine
leere mit meiner unsere
märchen als fassungsloses
füreinander der albtraum
jeder politik
wir sind das
monster der braven
bürger im ewigen
frühling bleibt
kein glauben

18.4.1996, 8.E.S.

KOMP(L)OTTBETER

das beseelte
mich mit dir und
dich mit mir und
diese echte stunde null
in unsren weichen händen
lichtdurchströmte schädel
ewiger
zungenschmelze von
ruhe durchdrungen von ruhe
ist die sonne
nicht die sonne

LANDERFINDER

durch den trubel
der phantome und syndrome
unserer jahrtausendlanger
scheinkultur vorläufiger
verlustentschädigungen
bahnt sich diese feine spur
begnadeter sekunden
jubelnder begegnungstränen
jetzt hilft
alles nichts mehr
wir sind mit uns
blitzentmündigt lichtverseucht
im munitionsspiel waffenlos
gewollter zärtlichkeiten

STEINSCHMELZER

dem fröhlichen tod in
deiner leiblichen nähe
aus sonnenlosen strahlen
klimaübergreifender
empfindlichkeit geweiht wie ein
zum essen verdammter ohne
großen hunger bei anwesenheit
sämtlicher engel und
jahrhunderte lesen WIR
die Selbstverständlichkeit Seelischer
inzucht von unserer fastwelt-
müden (lippen)form über-
rascht als bleibende
ewigkeit treibt hier !
und jetzt-
erhabene banalität gemeiner
plätze die dadurch erst plätze
WERDEN auf zukunftsklippen
peitscht zähflüssiger WIND

14.12.1996, 11.E.S.

FERIENKITZLER

so warm und weich
durchzuckt uns sinn
des lebens bis zum tod
in deiner haut ich
glücklicher bleib immer
glücklicher mit dir
du schöne weißt was
wir benötigen sorgloses
jammern daß das frühstück
noch bei tageslicht beginne
wenn das ganze ineinanderfällt

(D)UR(CH)DÄNKER

hart auf hart
zueinander fasten
ewigkeit zerteilen
in dich und
in mich und
niemand anders
kommt um
uns zu heilen
hier beginnt
die schrecksekunde wächst
und weitet körper
körperlich ertasten jedes
mal das erste
grabmal
leuchten

ESSENZSAMMLER

und gönnen uns
das bißchen nacktsein
in der gegenwart
des unvermeidlichen
zuhause gegenseitiger
besorgnis erregt
traumgesichter raten
NUR WAS
auf der hand liegt
meine hand auf
deiner hand auf
unsrer handlungsfreiheit
türmt sich unerwünschter
ruhm besitzlos staunender
verzückungen

19.+21.4.1997, 14.E.S.

ZUFALLSPLANER

befreit
von unsrer eignen welt
ins unbekannte neuland
treiben lassen wie
die ausgehöhlten erdverkünder
jedes knochenstück auf
innere lichtfestigkeit
termingerecht zu testen
durch den leeren blick
beseelter menschen
in erwartungslosen küssen
alle ewigkeiten sinnlich
fremd umschlungen

21.12.1997, 15.E.S.

NEUROSEMANTIKER

in jeder ewigen
sekunde aneinander
diesen heiligen verdacht
auf ganz banales
urvertrauen prüfen ob
das freie
fallen durchs unendliche
entblößt die bilder
sterben vor
den großen augen der
liebenden die lieben

LICHTWANDERER

und schon
leuchtet der abgrund
als tausendstel schneise
zwischen zungen
dich freischwebend
fassen durch
augenhöhlen blitzt
das ewige
etwas
in allen
geräuschen
auf klippen
verstrandete
eisglut
mit hirnschaum

<u>BLITZBEGEGNUNG</u>

eine sekunde zeitlosigkeit
licht getauscht
zwischen tausend räumen
das funkelnde lachen
befreiter gesichter
im alltäglichen
zufall getroffen
und
diamantene zukunft
der schwangeren stille
gezittert geweiht
geadelt geahnt
versteinert verschwunden
nur die gewissheit treibt
rücksichtslos
religionsleere gebete an
dich

DURCHLEUCHTER

kein traum
nach tausend jahren
liebe dieser erste weltenkuss
begleitet unsre leere
mit verdoppelter geschwindigkeit
als wiederholungswürdiges geheimnis
streng geöffneter
berechnungen von auserwählten
zufällen enttäuschter
hoffnungen auf ewigkeit
verstrahlte anfänge
inmitten alltagsschwerer
flugübungen der wirklichkeits-
besessenen lichtprüfer
des greifbaren

NICHTS(CH)WÄRMER

im magnetischen
aufwachen
als geliebter
spiegel hunderttausender
nervenbahnen noch
lebender vollendungen
nutzloser
küsse küssender
selbstläufer
im heißen
regen
uns
hinterher-
rufen

<u>FLUCH(T)FREIE</u>

zwischen unerklärlichem UND
selbsterfindung Das Gesunde
durch die zeiten
mit dir treiben
als zwei einsgewordene
In Der Kommunikation
des ewigen wie
willkürlich genießbare
sonderfälle eines entdramatisierten
weltendramas das sich JETZT-
gefühle gönnt um tränen
zu verdauen die
gewaltiger als geist ernüchtern
(was natürlich scheint)

27.10.1998, 21.E.S.

<u>ÜBERFLIEGER</u>

zwischen zwei
welten licht
schützendes wolkenmeer
gelenkt und
sonnendurchflutet

WIRKLICHKEITS(T)RÄUMER

mitten
im kalten
herz der nation
unendlich glücklich
und allein
mit dir so eins
daß unsere gesichter
ineinander wohnen
als ewiges
küssen zu früher
zukunftsreisen gnadenloser
gegenwartslippen ohne zwischenraum
von hirn zu hirn
lesbar wie das
jenseits selbst

ALLTAGSTA(E)USCHER

unwiderstehliche körper
im kernlosen schmelzbereich
übernatürlich entfesselter
kusswanderer auf
vollmondverjagten eitelkeiten
außerirdischer anspielungen
nach und nach-
empfundener zusammenhörigkeit
durchtriebener erscheinungen
greifbarer geister
regenwacher hautgeflüster
reden davon daß
wir uns
am nächsten
sind

SCH(M)ERZTA(E)USCHER

allein
nach überhitzter
ruhe durch
die straßen treiben
wie ein
sachverständiger für
seelenloses
leuchten
in der falschen
zeit zuhause
uns getroffen
als ob liebe
wunden heilen
könnte ohne
kunst

L(E)I(E)BHABER

unsere körper
heiligen und schauen
weiter als das ganze
lotterleben
des verdrehten
anfangsstadiums im
angeblich so
ungewöhnlichen sich
zueinander hingezogen
fühlen wenn wir
mit vereinten kräften
seele zeigen
zeigen wir uns
was
wir sind

ÜBERTRÄUMER

wir schenken uns
seelisches aufbegehren
seit über sekunden
durchströmen zwei stimmen
das sichtfeld der zitternden
haut zu haut
traumtäter sammeln
gemeinsames herzklopfen
aus ewiger wartezeit
nähren sich unwahrscheinliche
zungen nahe dem nichts
ist nichts verwandelt
den schamlosen schreck
ungläubiger trauer
in leuchtendes wasser wie
gold das gesicht wieder
gefunden

TRANSMELANCHOLIKER

ganz
gewöhnliche
zeitschleifen atmen
durch gewitterfluten
jenseits aller überwörter
wüstenfrüchte
mit den schwerelosen leibern
zueinander schleppen
wenn sich gegenwarten
eis und feuer gönnen
bis die frischgeborenen
berührungspunkte
durch unendliche
blickfelder
schwitzen

POSTPARADOXE

ozeane atmen
zungenspitzen
zwischen fleisch-
gewordenen lichtfeldern
das vergessen was
nicht ist die ewigkeit
im gegenwärtigen
verdauen

ÜBERREDNER

kein geheimnis
brauchen und
gemeinsam tausend
rätsel lösen
die das echte
leben erst im wechselspiel
alltäglicher
bewunderung des anderen
erfindet ohne
deine sinne fühle
ich nur meine ohne
deine stimme höre
ich gar keine

<u>ÜBERLEUCHTER</u>
(DAS LEERE KLAMMERN)

kernlos atmen
hirne durch die hohlen
körper glüht
das kosmische
lichtkarussell

ÜBERKÜSSER

glückselig
deine nähe tanken
nichts verlieren
um dich ranken
mitte hier
und
mitte dort
wo wir uns
lieben leuchtet
jedes wort

<u>ÜBER1ANDERE</u>

...und beide becken
bewegen sich sanft
auf einer bodenlosen welle
durch die körper
fließen alle zeiten
in die gegenwart
der zutraulichen menschenkinder
zwischen tag und nacht
und nacht und tag
kein krieg kein sieg
kein nichts kein
garnichts kann uns trennen
weil wir uns
beim namen nennen
dasein hat begonnen
jede frage ist zerronnen
es passiert und...

<u>UNHEiMLiCH STiLL UND WEiSE</u>

jede bewegung
ein kuss jeder moment
ein gefühl jeder sonnenstrahl
frieden jeder planet
drum herum jeder blick
zwischen uns jedes ziel
ohne ziel

<ins>(AUS)GeLASSeNe STIMM(UNG)eN</ins>

zwischen uns
breitet sich kein geheimnis
wie licht
aus
den körpern
erscheint jede sekunde
unendlich wir
sind so sehr
da
daß die sprache
wie goldregen plätschert

KONTRAKT

zwischen zwei körpern
stille
chemie im moment
geantwortet
unter sich

ÜBERSCHWIT-ZeN

der vollmond leuchtet
erstaunlich gut
zwischen unsere blassen
beine am weit geöffneten
fenster spüren
wir das pulsierende
sonnenlicht auf der nächtlichen
rückseite knochenloser zungen
tanzt dein süßsalziger
schweißß mit meinem klebrigen
sperma den tango
für stillgelegte
verzweiflungen

NEUROPOELITIKER
(FUSION JENSEITS DER LITERATURSZENE)

kein tinnitus
kein atommüll
keine talkshowtabus
kein elektrosmog
keine kostüme
kein drumherumgerede
kein echo
kein gott und
keine selbstlüge
wir lieben uns
nackt und ehrlich
von ganzem herzen
im bett unserer eltern
im bett unserer kinder
im bett unserer freunde
im flussbett der seele
das permanente
poesiealbum der gelebten
gegenwart ist nicht
kitschig hörst du
wir lieben uns
immer
noch laut und deutlich
in der leeren mitte
des unvorstellbar grenzenlosen
nach all den jahren
wie am ersten tag

ÜBERTAOIKER

wir stehen
voreinander
wie zwei alte bäume
und berühren uns
mit jungen trieben
ja wir wissen
umeinander
wie zwei alte seelen
und bewegen uns
im ozean der energie
wir denken
aneinander
wie zwei kleine kinder
und begehren uns
auf taosend weisen
ja wir blühen
ineinander auf
als ob die erde
heimat sei und
spüren uns durch
alle weltenwirbel

<u>ÜBERSCHW(itz)ENDe(R)</u>
(FANTASTISCHES JENSEITS DER FANTASIE)

wir drehen uns
im urzungensinn zueinander
als ob nichts wäre als ob
nichts wäre wie immer
erlaubt uns das echte
vorhandensein die bewegung
der geister gemüter gelenke
die skelettpuzzleteile führen ein
eigenleben in unsichtbaren
dimensionen dynamik der seelen nur
vorfreude beim abschied schon
bilder der zukunft im fraglosen
kuss abgespeicherte daten der
EWIGKEIT ENTRÄTSELN
wir ja wir enträtseln das ganze
geheimnis und wundern uns trotzdem
mit all dieser inbrunst die menschen
verbindet verschwistert verschweißt
daß kein ende in sicht ist daß
selbst unser tod dazu beiträgt daß
wir uns darüber erstaunlich gut
amüsieren wie sehr wir uns lieben
wie sehr wir uns wie sehr wir
wie sehr wie wir wie wir
uns lieben wir lieben uns

ÜBER(ARM)ENDE

2 engel schwimmen
zu1ander in der luft
wie gläserne walfische im leeren
ozean mein großer bruder
ozean oh meine große
schwester ozean
wir trinken dich
wir trinken uns
wir atmen diese leere
mitte überall
mit weichen knien
tapferen gedanken großen
füßen bodenlosem blick
das küssen hat
der staat noch nicht verboten
trotzdem würden wir
es immer tun

<u>ÜBERWANDLER</u>

kein liebesgedicht ersetzt das
altern / unserer geschlechtsorgane
während wir / die küsse immer
weicher betten / schrumpft die angst
hautnah zum miterleben / unser hirn
als herzschrittmacher nimmt / die ungewöhnliche
verlangsamung
im spieltrieb / zwischen meinen lippen
zwischen deinen lippen / wahr und
wörtlich
Wie Ein Einziges
gebet / der stille das die stille selber
spricht / mit jedem sonnenstrahl
In Einem Einzigen /
sekundenbruchteil seit milliarden jahren /
EWIGKEIT IM UNGEHEUER
riesigen planetenlauf- /
lauffeuerwerk
planetenlauflauffeuerwerk //

ROSENTÄNZER

unsere liebe bedarf keiner
namen wenn wir ganz
nebenbei so verschmelZEN
daß jedes lexikon
nach weißen blättern
duftet die welt nur
AUS anfängern besteht
und das zittern
der körper ins unendliche
wächst wie ZWEI zellmonster
mit kosmischem
flügelschlag

<u>LIEBE+ALLTAG</u>
(GEMEiNSAME GEGENSEiTiGKEiT)
[6.TRANSRELIGIÖSES GEBET FÜR DAS 23.JHD.]

wir stürzen grundlos aufeinander
los ja fallen bis sich unser sein
verliert um uns im bodenlosen
wieder auf zu fangen jetzt ist
alles so gesagt daß nichts mehr
fehlt was dich UND mich bedingt
um diesem ganz normalen wahn-
sinn stand zu halten denn:

WIR STÜR-ZEN
GRUNDLOS
IN-1-ANDER
& SIND
ViELFACH
WIEDER DA

ÜBERKNALLER
(DER LETZTE NARZIßTISCHE ABERGLAUBE)
[7.TRANSRELIGIÖSES GEBET FÜR DAS 23.JHD.]

weder urprinzip urplan urplotz
noch urteilchen geschweige denn
urstoff urmasse oder urkraft
stecken hinter dem unendlich offenen
wir sehen alles was
wir sehen durch
die augen von gesehenem ich...
liebe dich weil ich dich liebe
es ist gut weil es gut ist
wir machen was wir haben und
wir haben was wir sind
kein hab kein gut KEIN
ETWAS bleibt hier trocken
es steckt wirklich nichts dahinter
außer dir und mir ist nur
noch mehr gesehenes ganz
außer rand und band

ÜBERBRÜCKER
(L.eichtigkeit S.achlichkeit D.istanzlosigkeit)

mein
schneeweiß
schimmernder
raumschifftempel
gleitet schnurgerade
zwischen die sternenwirbel
unserer gläsern funkelnden pupillenlöcher
durch diesen dunkelgrün neondampfenden abkürzungstunnel
hinter den weit geöffneten hohlen schädeln
ins unendlich tief gekrümmte violett vibrierende
all
unsere lächerlichsten erwartungen übertreffend
sind wir auf sendung wir sind beide auf sendung
auf diesem unglaublich echten planeten
in dieser noch unglaublicheren wirklichkeit
dieser wirklichkeit dieser wirklich gelebten
wirklichkeit haben wir
uns
dank tausender jahre vorarbeit
mit der perfekt angepassten chemie
zwischen den zellen zufällig
getroffen und können nur
weiter lieben und
weiterlieben

<u>ÜBERLETZTE</u>

wir schweben DURCH
unsere unzählbaren wandelgesichter
von morgens bis morgens
im nimmerendenden
sonnenaufgang der weit geöffneten
herzklappen UND
lüften schon wieder
ganz nebenbei
dieses letzte geheimnis
der menschheitsgeschichte bevor uns
das raumschiff ZURÜCKpfeift

E(UKA)LYPTIKER

lichtadern lassen
uns zu1ander schleudern
jede zelle umspült
ihre eigene MITTE
MILLIARDENFACH
mit leeren impulsen
aus unendlicher tiefe
zerfließen 2 wellen
der kosmischen strömung
im wortlosen
gespräch der befreiten
körperbahn-
schnittmengen

13.+18.9.2007, 48.E.S.

ÜBER(Li)EBEN(d)E

dem lauf der liebe
aus dem leeren
reich
der seelenmitte
hingegeben
deiner honigstimme
durch die hauptstadt
folgen wie kometen
auf geheimer umlaufbahn
verbunden
bleiben

ÜBER(DR)EHE(R)

WIR DREHEN UNS
INEINANDER
UM
UNS
VON DER ANDEREN SEITE
INUNDAUSWENDIG
KENNEN ZU LERNEN
ALS OB WIR
ES NOCH NIE
VERSUCHT HÄTTEN
WIE ENGEL

(ZUN)GENVERSCH(RA)ENKTE

Jahrhunderte Verjagen
Unsere Schatten
Werfen Keine Falten
In Der Großen Leere
Spüren Wir
Den Vollmond Zwischen Uns
Das Sonnenlicht Von Allen Seiten
Jede Zelle Weiß
Wir Sind Zusammen
Da Und
Sprechen Aus
Was Worte Findet

FRAGLOSE

Uns In Unseren Armen
Liegen Ganz Glückselig So
Als Hätten Wir Es
Schon Getan Und Spüren
Jede Zelle Lichtgesättigt Tief
Verschränkt Durch Unsere Haut
Dringt Frieden Wie
Das Selbstverständlichste Der
Welt Kein Gott
Kann Dieses Große Ja erzeugen
Das Sich Unerwartet
Zwischen Aufgewachten Körpern
Zeigt Und
Deine Augen Grenzenlos Mit Meinen
In Das Jetzt Verzweigt

GLE!CHSCHR!TTMACHER
(SeELENSP!EGELUNGeN)

Als Würden Wir Schon Immer
Um Die Blöcke Ziehn
Mit Dieser Seelenruhe Und Der Vorfreude
Auf Jedes Nächste
Abenteuer Der Zerküssten Körper
Arm In Arm Die Köpfe
An Die Herzen Angelehnt
Uns Treiben Lassen Ja
Uns Miteinander Treiben Lassen
Durch Das Große
Innenrauschen Der Gefühle
Die Uns Sanft Durchfluten
So Als Sei Das Ganze Geistige
Elektrisiert Unendlich
Tief Und Leer

ÜBER(B)AHNER

Wie 2 Unzertrennliche
Planeten Um1ander Kreisen
Auf Der Jahrmilliarden Langen Sonnenseite
Der Galaktischen Grundlosigkeit
Wenn Wir
Im Dunklen Tappen
Tanzen Trotzdem
Sämtliche Lichtteilchen
Ihren Tango Für Das
Unerklärte Universum Und
Wir Dürfen
Uns Liebhaben

ÜBER(SCH)WIEGE(NE)

wortlos
lieben wir uns
sprechen ist nicht nötig
wir zerfließen ganz
in unseren armen denn
ich liebe mich und du liebst dich
so sehr daß keinem etwas fehlt
was ausgesprochen werden müsste
wenn sich beide seelen treffen
wo sie wirklich sind
darf alles ohne angst sich selbst genügen
atem atmet weiter
körper bleiben körper
geist ist geistig
dinge sind begreifbar
rätsel sind geheimnisvoll
und glück macht glücklich
weil wir zwischen sämtlichen sachverhalten
wohnen als sei gegenwart noch mehr
als gegenwart von ewigkeit
mal ganz zu schweigen

verschmolZENe

während
wir uns
lieben
sind wir
für die EWIGKEIT
BESTIMMT wie
ein gedicht
das sich
durch licht
fort pflanzt
so lange
es gelesen
wird

TRANSSYMBOLIKER
(HOCHKONJUNGTIEFENPOPPER)

uns entgegen kommen
mit den wunderbaren körpern
die wir sind solange wir hier sind
wo sonnen umeinander wirbeln
ohne ziele außerhalb
des grenzenlosen zu benötigen
wir spielen mit
als gäbe es nur schönes
wetter auch jenseits
der dünnen atmosphäre DU
UND ICH begreifen langsam wie
die zeit uns zueinander TREIBT
als hätte garnichts unbewußtes
neben uns MEHR platz

FREIGESETZTE

Wir Sind
Voll Und Ganz
Mit Leere Frei
Gesetzte
Radikal Uns
Liebende Durch
Seelische
Jahrhunderte
Enthaltsamkeit

ÜBERsichTBARE

endlich
wieder IN der welt
ganz angekommen
wo du bleibst weil
ich dich LIEBE ja
so einfach kann es manchmal
sein nachdem die hoffnungen auf null
zurückgegangen waren
fühlt sich jeder nullpunkt NUN
wie tausend ewigkeiten an
die unser goldverschneites nervenkleid
zusammenhalten DAS
uns alles unsichtbare
sehen lässt

14.3.2009, 59.E.S.

<u>überHITzte</u>

obwohl du in der ferne wohnst
kann ich dich spüren deine hände
halten meinen geist zusammen
deine haut dringt tiefer in die seele
als der boden unter meinen füßen
zwischen uns ein leerer ozean wir
sind zwei kontinente ohne abstand
ja wir sind ein himmel füreinander
und ein ganzes universum wir
versuchen nichts zu suchen nichts
zu denken nichts zu wollen nichts
zu lieben nur zu lieben und wir
lieben uns so sehr weil wir nichts
sind wir sind das nichts oh gott
wir sind es wirklich denn die sonne
scheint bei vollmond weiter durch
das glitzernde gewebe wer glaubt
noch an weitere entdeckungen das
wichtigste ist ausgesprochen aus-
gesprochen einfach und kursiert durch
sämtliche menschheitsepochen wie
ein unerwünschter virus für geschockte
nerven die noch futter brauchen während
wir uns gegenseitig heiße luft einhauchen

GEHEiMNiSLOSE

jetzt kann ich dir die ungelesenen gedichte zeigen
so als ob ich sie vor deinen augen schriebe
hier ist zukunft durch vergangenheit verewigt
und wir trauen unsern augen kaum daß liebe
doch noch wahr wird nach dem ganzen terror
den wir gern als welt bezeichnen der
das gegenteil von unsrer sehnsucht ist das
gegenteil von allen gegenteilen
jetzt wirds endlich philosophisch
jetzt wirds tief und exis exis exis ten zi ell
wir sind die liebenden die es nicht geben darf
wir sind die unerwarteten die plötzlichen
der virus dessen kräfte im unendlichen verwurzeln
dessen auswirkungen nicht vorhersehbar
in den geschichtsprozess eingreifen
wie schamanen nur nicht mehr so einsam wie sie
die uns lebenslänglich weggefährten waren
waren ja doch WAREN denn wir sind zuhause
wir sind angekommen wir SIND
endlich dem geheimnis nahe
näher als wir es aus kinofilmen kennen
näher als topmanager jemals begreifen
näher als die psychologen als gesund erachten
näher als spießbürger
in der kirche ihrem hohlen gott

GRUNDLOS GLÜCKLICHE
(SEHR REAL STATT SURREAL)

Dieses echte leben macht mich
sprachlos so gemütlich langsam wie
es GRUNDLOS durch die leere plätschert
ganz als ob Nichts zu erreichen wäre
sondern sich In Jedem augenblick
mit freudestränen fröhlich feucht erfüllt
wenn wir beisammen sind um uns
so GLÜCKLICH zu genießen mit der kraft
des staunens daß das Weltall
Wirklich zu bewußtsein kommt und
BREIT WIE BUDDHA grinst wenn wir
ihm küssend dafür danken daß wir
es Durch Uns bemerken

ELEKTRISCHE EXILANTEN

und noch händchen halten
wenn wir alt sind
deine küsse so genießen
wie am ersten tag
mir keinen einzigen gedanken
ohne dich vorstellen können
meine göttin! meine ewige!
solange uns das leben
nicht vertreibt ist alles
endlich gut das glück nicht nur
ein kitschfilm sondern
wahrheit zwischen dir und mir
im grenzenlosen dieses sagenhafte
liebesgedicht schreibt sich
von selbst ich folge bloß
den fingern über DIE GELIEBTE
tastatur des mobiltelefons
um dich schnellstmöglich darüber
zu informieren daß ich immer
noch und jetzt erstrecht!
ein dichter gegen meinen willen bin
bis DU mit meinen händen spielst :-)

ECHTHEITSEXTATIKER

DAS sind die lippen die mich küssen
DAS sind die augen die mich sehen
DAS sind die worte die mir gänsehaut bereiten
DAS BIST DU
DAS ist die stimme die mein herz berührt
DIE HÄNDE die mich weinen lassen
DAS GEFÜHL das mich durch die jahrhunderte geleitet
DAS BIST DU und du bist KEIN gespenst
du bist KEIN traum du bist ein echter mensch
aus fleisch und blut und geist und licht
DU BIST mir näher als der größte philosophische
gedanke NÄHER sogar als mein ich wir sind
ein wunder wir sind das
verbotene vertriebene vermisste
das begehrte das entscheidende WIR SIND
die ganze menschheit in nur einem einzigen moment
wenn wir uns küssen leuchten sterne mittags
galaxien verschmelzen das universum zittert
weil wir gott sind weil wir um uns WISSEN
und nicht müde werden uns zu lieben
als ob alles nur auf uns gewartet hätte

<u>EISZEITLOSE</u>

wir sind zwei spiegel die
sich gegenüber stehen und
sich im unendlichen verstehen
durch die augen leuchtet doppelt
leer der letzte satz:
ich lieb dich sehr!
so sehr daß mir die worte fehlen
kann nur reime für die seele stehlen
ach mein herz mein aufgetautes
spürt nun wahres und vertrautes
bei der königin der liebe
sind sie endlich frei die triebe
frei und heilig wie das leben selbst
weil du mich in den armen hälst

Das Große PutZEN

die leute glauben tatsächlich
daß meine wohnung so aufgeräumt sei
weil der sommer schon naht und
daß ich dir rote knatschrote rosen kaufe
damit du mir glaubst und die leute
denken sogar daß ich geheimnisse hätte
weil ich nicht müde werde
von ziemlich belanglosen dingen zu reden
wie eine einzige offenbarung aber wenn ich
dann plötzlich verstumme und grundlos lächel
als würde mir irgendein engel die wahrheit
zuflüstern dann flüchten sie schnellstmöglich
in kinos und supermarkthallen während ich dich
schon ganz aus der ferne erkenne und winke
und springe wie jedes mal seit wir auf
staubsaugern durch alle jahrhunderte reiten

GEFLUTETE

vor unserer nähe war keine
und nach uns kommt nichts
wir sind der anfang und
lange noch nicht von der erde
verschluckt wie geschwister
in fernen gebieten
nennt man uns
sicher die liebenden
weil wir uns lieben
denn das ist sicher
durch uns weht ein lüftchen
aus seele und gänsehaut ich
kann die tage und nächte
jetzt doppelt berechnen
die summe macht endlich
mehr als sinn

QUANTENSPUK FÜR LIEBENDE

schmerzfrei mit dir
durch die sonne wandern keine
formel finden um das unsagbare
zu beschreiben dich vermissen
während wir im letzten kuss
versinken kurz bevor der zeitstrom
körper trennt die seelen
bleiben ineinander so verschränkt
daß alle sterne auf uns wirken
wie ein einziges gesteinsgewitter
länder zittern städte beben
der planet stürzt
aus der alten bahn und
doch erinnert sich das universum
an das urvertrauen zwischen
den atomen die uns formten

UNGLÄUBIGE

unsere augen durchdringen sich wortlos
wie in den wiederkehrenden träumen
und unsere lippen verschmelzen
zu einem einzigen süßsalzigen mund
unsere beine... ach was soll ich sagen
wir lieben uns! (schon seit jahrtausenden)
wie zwillingsgeschwister die sich
rund um die welt vermissen vergöttern
und ahnen daß jeder den anderen spürt
aber erst finden konnte nachdem alle
geschichten zuende gedacht waren
die weit geöffneten tore ins ewige jetzt
für uns offen standen und wir:
händchen haltend darin so vertraut
wohnen als wäre das leben doch keine
fliegende wartehalle mein engel
wir sind endlich zuhause!

<u>ÜBERTAUCHER</u>

endlich verwundbar sein
doch das ende nicht fürchten
denn ohne uns wäre nur sinnloses
treiben in deiner seele
so plötzlich ankommen und
trotzdem noch ganz
bei mir selber sein weil wir
unseren körpern gemeinsam folgen
bis in den offenen ozean
unsere leuchtenden herzen als
rettungsringe der kitsch kennt hier
keinerlei grenzen mehr seit wir
nie müde werden zu küssen
sind restlos sämtliche elemente
auf unserer seite wir atmen
das wasser wir trinken die luft
und wir baden im feuer die erde
ist unsere höhle das weltall
umgibt uns das staunen durchdringt
alle zellen gedichte entwachsen
dem bodenlosen am laufenden meter
hans arp und kurt schwitters
zu gast bei den golls sind
betrunken von deiner hingabe
an meine hingabe an deine
hingabe mein engel wir fliegen
wir fliegen es ist wie im märchen
wir fliegen durch räume und zeiten
als wären wir jenseits der
wellenfunktion nur die physiker
wissen was uns widerfährt und
sie schaudern vor diesem letzten
beweis des verbotenen

JUGENDFREIE

mit jedem kuss werden wir
um ein paar kostbare sekunden
betrogen denn unsere lippen zerfallen
zu staub noch bevor wir darüber
sprechen daß alles sein ende kennt
aber wir müssen uns küssen und nehmen
das schicksal gemeinsam in kauf denn
wenn niemand sich küsst nimmt die
langeweile den schrecklichsten lauf
und die dümmsten geschichten
zerstören die seelen die völker
ermorden sich selbst gegenseitig
die päpste erteilen die absolution
und die weltpräsidenten regieren
die welt die auch ohne regierung
zu staub zerfällt darum küss mich
jetzt weiter hör einfach nicht auf
meine lippen sind da und die deinen
sind dort wo wir uns heimlich treffen
gilt jedes wort als ein historisches
echo für seelengeschwister von
übermorgen mit sehr ähnlichen sorgen

PAUSENLOSE

mit dir fühlt sich
die wirklichkeit so wirklich an
als sei die leere nur ein hirngespinst
der zweifel an den sinnen endet
auf der oberfläche deiner seele
deine augen leuchten
deine lippen wärmen
deine stimme dringt direkt ins herz
die liebe liebt
die sonne wandert
kein gedanke wird verschwendet
wir vertrauen ineinander
mehr als der vergangenheit
das lachen unserer entspannten leiber
hält uns
mitten auf der straße wach

FRÜHVERGOLDETE

wir sind
zu glücklich
um uns aufzuregen und
zu aufgeregt um einzu-
schlafen ich versuche
ernsthaft ernst
zu bleiben aber
deine nähe zwingt mich
wie ein kind zu lachen
wer soll das noch
nachvollziehen wenn
wir selbst nur götter
spielen und die seelen
staunend sprechen
lernen

ASTROSYNTHETIKER

wir tanzen als gleichmäßig
glühende lichtpunkte auf
schnell durch die wechselnde
landschaft gleitenden schienen
UND SIND DABEI
die lautlose bahn des beobachters
die lichtpunkte der tanz oder
die landschaft und manchmal
sogar die sonne selbst
UND DARÜBER HINAUS
lösen sich dank unserer liebe
sämtliche sichtweisen
in der umarmung einer geteilten
sekunde auf und wir spüren
die parallele anwesenheit
unserer einander durchdringenden
kraftfelder wie ein wunder
des universums in seiner ganzen
natürlichen selbstnähe

GEDULDIGE

ich spüre dich hautnah
trotz hunderter kilometer
dein flüstern ins windstille ohr
mit dem geschmack deiner lippen
dem glanz deiner spiegelnden
augen wie laser direkt
in das jammernde herz
soll ich das dichten
jetzt unterlassen weil
alles nichts hilft
denn wir müssen abwarten
obwohl wir vereint sind
die seelen durchdringen
einander mit einer seelenruhe
als wären wir zeitlos
die körper empören sich um
die vermisste berührung herbei
zu zaubern wo kein zauber rettet
und die verfluchten
elektronischen medien
machen den kitsch nur noch
melodramatischer
unser unendlicher wille
empfängt und verdaut
die erfühlte erfüllung

FÜR1ANDER BESTIMMTE
(Die Mystische Metamathematik der Literatur von Liebenden)

zusammengehören wird in 1 rutsch
mit liebemachen abgesegnet
kein gedicht darf heutzutage
so beginnen wenn du im exil
auf leser wartest deren sehnsucht
kleiner ist als das was zwischen
menschen ausgesprochen
niedergeschrieben werden kann
um sich nicht an tabus
und dogmen abzuarbeiten wenn
eine wildere vision im kuss
der freien seelensurfer leuchtet
und uns noch realer als im traum
empfinden lässt daß wir
tatsächlich liebe machen
weil wir wie vorherbestimmt
zusammen gehören als sei alles
irgendwie vorher bestimmter
als nur das was sowieso
schon stimmt weil es uns
nicht getötet hat bevor wir
endlich das unendliche verdoppeln
durften durch den klang
der angestauten glückshormone

TRANSNEURONALE

deine nähe ist
das absolut normalste
und natürlichste der welt
die eigentlich ein rätsel bleibt
das nur von innen überwunden wird
wenn das gehirn sich nicht mehr
fragt warum es sich bewußter
wahrnimmt als die dinge
drumherum die offensichtlich
schweigen wie ein unsichtbares
massengrab für blanke nervenenden
abgesehen von den tieren
mit den sprechenden augen
und den pflanzen
mit den flüsternden knospen
und den sternen
mit den singenden umdrehungen
die intelligenz hat keinen namen
das spektakel ist allmächtig
und die traurigkeit der nachbarn
hat konkrete gründe
die wir nicht beheben können
weil wir in der liebe
wohnen

ZELLzenTRIERTE

nahtlos reihen sich die ewigkeiten
aneinander jeder augenblick mit
dir ist legendär das grenzenlose
universum dreht sich um sich selbst und
wir genießen diese überirdische windstille
zwischen uns die seelen tanzen in der welt-
durchdrungenen umarmung der verglühenden
zellhaufen mit rekordgeschwindigkeit
trotz todesnähe treibt uns ein
nicht religiöses sondern tief empfundenes
gefühl von sinn beim küssen
aus der mündermitte leuchtend
für die geistige fortpflanzung gut
geeignet alle geister als vergoldete
kraftfelder strömen durch uns so daß
fürchterliche fehler
auf der abenteuerreise vorzeitig
behoben werden können

ERWARTUNGSLOSE

geduldig überliste ich die sehnsucht
mit den dingen die erledigt werden
um die zukunft einzuläuten die wir
gestern nebenbei erfanden jeder
atemzug bringt mich in deine nähe
kein verlangen ist so groß wie unsere
entscheidung uns zu wollen weil wir
das sinnvollste sind was
aus den träumen wächst du bist
der anfang und das offene
die göttin deren füße ich liebkose
und die stirn und alles
was dazwischen liegt mein schatz
komm her wir können fliegen
die gedanken sind viel freier
als politiker und lehrer glauben
jetzt erscheinen endlich alle schritte
losgelöst vom falschen schicksal
langsam planen wir den ausstieg aus
der langeweile der lieblosigkeit der
arzt hat urlaub unser körper heilt auch
ohne medizin ertragen wir die ohnmacht
der bescheidenen verhältnisse um uns
herum wie eine kirmes ohne buden
in der frischen regenluft

<u>ÜBERBEWUßTE</u>

deine augen erzählen vom universum
dein grundloses lachen ummantelt mich
wie ein vergessenes geisterecho
aus fernen zeiten bei jeder bewegung
durchströmt deine körperform meine
magnetische haut als sei dein
so sichtbares bewußtsein nicht
trennbar von meinem befinden
die ganze erinnerung an gelebte
tage und schlaflose nächte
spukt durch mein nervenkostüm
keine sekunde vergeht
ohne mich abgrundtief zu berühren
nur wir sind VOLLSTÄNDIG
VORHANDEN solange wir
unsere küsse mit feuchten augen
in jenen sonnigen sand schreiben
der uns nur um seltsame millimeter
vom unendlichen urozean trennt

30.8.2011, 80.E.S.

AUFERSTANDENE
(GAIA & URANOS IN VENEDIG)

wir schlendern schon nachts
hellwach durch glühende gassen
über sternklar verwinkelte wasseradern
wenn tausende tote touristen
von kitschigen postkarten träumen
auf denen niemals unser kuss
vor der kirche abgebildet erscheint
denn du nimmst mich in dich
wie ein unendlicher himmel
der sämtliche elemente durchdringt
deine schönheit erfüllt
meine seele mit urvertrauen
sogar der verbotene gott wäre froh
daß wir ihn nicht mehr brauchen
denn seine sehr menschliche krönung
der schöpfung soll frei wie
das ganze (verflixte/verfickte)* universum
in grundloser selbstliebe
gemeinsam ruhen

*zwei Versionen, ab 10 & ab 16:
Bitte 1 Adjektiv schwärzen!*

GERATENE

unsere liebe kennt
KEINE SEHNSUCHT
denn wir gehen
gänzlich ineinander
auf wie zwei zu nah
geratene galaxien
IM SELBEN UNIVERSUM
wo wir
nach milliarden jahren
langsam aber sicher
sterben während wir
uns küssen bis
die zungen rätsellos
ZERFALLEN ZERFALLEN
fallen

<u>ÜBERLEBENDE</u>

du hättest schon längst tot sein können
tot wie die gespenster der erinnerung
aus ritualen und routinen die uns
nervenbahnen kosten und visionen
lächerlich erscheinen lassen aber du
bist trotzdem in derselben gegenwart
gelandet und kannst sogar lachen als sei
dieser weg dahin ein kinderspiel gewesen
während drumherum die kriege toben
deren angebliche gründe wir nur
von korrupten präsidenten kennen die das
parallele leben von millionen liebenden
vertuschen als bestünde der skandalplanet
ausschließlich aus massakern massenhysterie
und massenmedien doch wir werden mehr und
mehr und übernehmen nach und nach
die führung aller parlamente bis das
singen tanzen dichten knutschen
im plenarsaal mode wird

ÜBEREXILANTEN

die letzte domain
vor dem angriff
der zombies gerettet
den zaubertrick des
universums beim ubahnfahren
durchschaut deine stimme
telepathisch in jeder zelle
gespürt und wir wandern
durch unser gemeinsames
herz wie ein wandloser
tempel aus lichtfluten
des sagbaren

ZEITTEILER

sämtliche paranormalen aktivitäten
finden im diesseits statt weil es
kein jenseits im abseits mehr gibt
alle schutzengel spielen logistikprofis
im alltäglichen stoßverkehr meine flugbahn
entwickelt sich schritt für schritt
aus der gegenwart des gegenwärtigen
die vorwegnahme der zukunft durch
unsere zuneigung nimmt ausmaße an
von denen der anständige bürger nur
träumen kann denn wir spielen schon
heute frühling im herbst oder sommer
im winter wir feiern das überleben
mithilfe der dankbarkeit daß wir uns
trafen und wieder trafen unsere seelen
in jeder sekunde miteinander schlafen
als wäre das ganze ein göttlicher traum
in der quantenmechanischen mitte
des universums verbindet uns
ein unendlicher leerer raum

KOSMISCHE KARNEVALISTEN

das normale leben ist mit dir
nicht mehr normal die zeit die
zeit die zeit zerrinnt wie atemzüge
jeder herzschlag schlägt verdoppelt
durch die nähe unserer gedanken

denen wir das glück verdanken
nicht dort draußen bei den sternen
einen letzten sinn zu suchen sondern
uns in den vergrößerten pupillen
wie zwei ungewöhnliche planeten

kennen zu lernen weil wir wirklich
hinter den kulissen nichts vermissen
zwischen uns gilt es jetzt
kosmische gefühle zu entdecken das ist
karneval ja karneval der liebesjecken

24.12.2011, 86.E.S.

(Z)WEITER FRÜHLING

ich habe mich
dem lauf der dinge
hingegeben jeder
augenblick historisch
wertvoll seitdem du
an meiner seite lebst
geschehen wunder nebenbei
wie dieses herbstgedicht
im tiefsten winter
während wir darüber
staunen daß die sonne
so geduldig scheint

RELIGIONSLOSE

wir liebten unsere gesichter
schon in jungen jahren
als die seelen nackter
als die körper aneinander schmiegten
wie ein offenes geheimnis und
das krümmen eines haares
nicht der krümmung eines universums diente
sondern nur verletzte geister weckte
um die zwischenzeit zu überbrücken
deren welten wir schlafwandlerisch durchquerten
bis das leben uns erlaubte
der einmaligen geschichte nachzuhelfen
um den zufall in ein selbst-
erfundenes geteiltes schicksal zu verwandeln
das die altgewordenen lachfalten
in ein meer aus linien münden lässt
die sich auch zwischen sternen zeigen
wenn sie leuchten weil sie brennen
so wie wir beim wilden küssen
gottes letzten atemzug erkennen

VERWELTENDE

komm lass uns heiraten
wir sind doch schon eins und
vom hektischen alltag haben wir
sowieso nichts großartiges zu erwarten
außer dieses siegel der ämter
damit alle wissen
wie unantastbar unsere liebe bleibt
lass uns streiten komm
jetzt macht das erst richtig spaß
denn es hat keine tiefe bedeutung
sondern schafft klare verhältnisse
damit wir uns gut genug kennen
komm schon ich will dich tatsächlich
für immer mit haut und haar
wenn wir uns heute nicht trauen
wird das glück niemals wahr
was ist schon das leben im unendlichen
raum ohne die erde gemeinsam zu spüren
was sollte der sinn eines menschlichen
lebens sein ohne die lust aufeinander zu
zeigen sich vor dieser offenheit
miteinander in dank zu verneigen
und jeden stern einzeln
beim namen zu nennen
komm meine liebste komm komm
ich warte auf dich denn
wir wollen ab heute zusammen kommen

ANTIFANATIKER

und ich brauche
dich nicht
zu vermissen denn
uns trennt nichts
mehr seitdem wir
restlos ausgesprochen
haben was zum lieben
ungeeignet scheint
bleibt nur noch
die verzückung für
realitäten hinter
realitäten hinter
realitäten

URGÖTTER

deine uralte samthaut schmiegt sich so seltsam nahtlos
um meine seele daß meine seele nur aus deiner samthaut besteht
durch die deine seele zu mir hinüber strömt der
ich aus einem ozean voller augen entwachse
die seerosengleich unter wasser die erdmitte berühren
und über der knospe direkt ins weltall führen
wo uns das gefürchtete delta des nichts abfängt
bevor wir zu sehr ins jenseits driften
um bettelnd vor lauter eigensinn das fortzusetzen
was niemals begann und auch niemand erklären kann
obwohl es zu lebzeiten ganz selbstverständlich anmutet
weil wir nicht wirklich müde werden es durch uns
sehnsüchtig allzu sehnsüchtige zu beweisen als ob
diese gewagte reise das allzu bewußte überdauere und
doch wissen wir heute schon heimlich und leise
daß kein einziger gott irgendwo nach uns trauere

REALISTISCHE ROMANTIKER

niemand verstellt sich
wir sind wer wir sind
keine masken das staunen
wird immer konkreter
wir schauen uns an
wie wir sind und
entdecken uns
tagtäglich neu

MYSTISCHER MATERIALISMUS

Wir
Sind
Zuhause

ANSPRUCHSVOLLE

dein stress ist mein stress
ist dein stress ist mein stress
ist dein gesicht ist mein gesicht
ist dein gesicht ist mein gedanke
ist dein gefühl ist mein gefühl ist
dein gedanke ist meine umarmung ist
deine umarmung ist mein glück ist
dein glück ist mein glück ist dein
frieden ist mein frieden ist dein
jetzt ist mein jetzt ist dein jetzt
ist mein jetzt ist dein stress ist
mein stress ist dein gesicht ist
mein gefühl ist dein gedanke ist
meine umarmung ist dein glück
ist mein frieden ist dein jetzt
ist mein jetzt ist dein jetzt
ist mein stress ist dein stress

GELIEBTE

ziellos durch belebte gassen
wandern leute werden gläsern
wie die werbung kein geschäft
kann meine seele reizen keine
schönheit wirkt natürlich nur
im schmerz bin ich zuhause
kein gespräch hat hand und fuß
der große geist wohnt neben
der bewegung ins unendliche das
badewasser brennt auf meiner haut
wie deine allerletzte umarmung
bevor du diese welt verlässt
wir üben den gekonnten abgang
jedesmal und sind erleichtert
daß uns noch ein tag geschenkt
wird um den sinn zu wiederholen

SELBST-WÄHLER

deine küsse sind so sehr die meinen
manchmal ist es kaum zu glauben
daß du nicht woanders auf mich wartest
sondern hier auf dieser bank
an meiner schulter lehnst und
wir so selbstverständlich im zeitlosen wohnen
als verliefe unser leben immer schon
auf einer parallelen umlaufbahn
vom namenlosen urahn zur modernen tiefe
wo die seele nicht mehr unruhig schliefe
sondern unser glück als glücksfall feiert
nichts in unheilvolle richtungen anleiert
leben heißt wahrhaftig hellwach leben
notfalls auch abwegiges anstreben
nur die liebe als des menschen ideal
erleichtert bei entscheidungen die beste wahl

VERS(UNKEN)E

die wörter durchleben
ihren eigenen trott während
wir uns berühren ohne
den ganzen schrott denn
die haut kennt ein wissen
das seelen verbindet
selbst wenn niemand dafür
eine erklärung findet
kein gott kein genie und
kein wissenschaftler versteht
was die liebenden in ihrer
eigenen welt verspüren
warum sie sich durch die
jahrhunderte mit derselben
sehnsucht verführen

ÜBER(TRI)EBENE

meine seele liebt dich mehr als knapp
die körper sind danach sehr schlapp
und schwer wie rabenschwarze löcher
restlos leer ist amors köcher
in der unendlichen krümmung
der somatoform erschöpften stimmung
kreisen alle pfeile eine zeitlos schöne weile
durch die herzen wie zwei unsichtbare sonnen
niemand ahnt die subatomisierten wonnen
so verschmolzen als ein fusioniertes stück
das glück kennt keine uns bekannten schmerzen
dieser zauber lässt uns gerne scherzen
aus der frei poetisierten ferne
klingt das bißchen kitsch wie früher
einmal kirchenglocken zweimal dreimal
es wird höchste eisenbahn
mein schatz wo sind die socken hin?
der liebestaumel war kein wahn
die wahrheit kann nur liebende verlocken
komm lass uns das kontingent aufstocken!
goethe spielt für heine flöte
jeder oberton vertreibt die nöte
das delirium der liebe
ist der allerletzte lohn

ZIELFREIE

es ist ja
fast schon gruselig
wie sehr wir uns
vermissen können
weil die unendliche nähe
nicht mehr gott genannt wird
sondern namenloses
urgefühl der offenheit

<u>TODGEWEIHTE</u>

hunderte male miteinander
geschlafen die körper bewegt
und die seelen beglückt
eines nachts bleibt dann
der eine alleine zurück
seine hand fasst ins leere
das leben kann
auf unsere liebe verzichten
die ganze geschichte
geht ohne uns weiter
wir ruhen in frieden
der fernseher läuft nebenan

GLÜCKSBRINGER

unsere gesichter aneinander halten
wie in kindertagen ohne fragen
bis ihr zittern fein genug synchronisiert
daß in den augen lesbar wird
was immer schon zu sagen war
den abstand zwischen diesen körpern so verjüngen
daß die oberflächen eine einzige
wortlose sprache sprechen wenn wir jetzt
das ganze als verdoppelte unendlichkeit empfinden
und das urvertrauen im geteilten atem spüren
springen die verschränkten beine
selbstverständlich über alle schatten
die bewegung des organischen folgt
dem moment als wiederholte ewigkeit in alle ewigkeit
wir sind der sinn mit allen sinnen
und verbleiben im gedankenlosen einverleiben

UNERWARTETE

heute könnte ich dir hunderte
gedichte wie am fließband schreiben
die sich lesen wie normale sätze
meine seele ist in schwingung
von der zeit an deiner seite
die erinnerung an deine küsse
deine augen deine stimme deine haut
und alles weitere macht mir
den abschied diesmal leichter
als die angst dir nie mehr
zu begegnen wie im frühling
der im tiefsten winter zwischen
uns anbrach als niemand
mit dem klimawechsel rechnete
und wir uns sprachlos
gegenüber standen

BEGEHRENSWERTE

kein programm mehr
abzuspulen zwischen uns
die glaubenssysteme beiseite lassen
einander bedingungslos anvertrauen
erstaunliches im mystischen moment
des plötzlichen geschehens freisetzen
anstatt uns immer wieder mit nervösen
sicherheiten zu verletzen nähe
als ein kostenloses abenteuer
verspüren die geheimnisvolle
mitte besteht aus unendlich
offenen türen

ERFÜLLTE

in einer solch harmlosen zeit
des gemeinsam erlebten glücks
gibt es kaum worte
tiefsinnig und innig genug
um sich so ehrlich und
ernst zu bedanken daß die
erinnerung stark genug bliebe
denn wir vermissen den andern
schon vor seinem abschied als
sähen wir uns niemals wieder
die liebe macht traurig vor
ehrfurcht der letzte blick
gleicht dem anfänglichen und
verkündet die hoffnung
auf wehmütige wiederholung

<u>ÜBERKOMPENSIERTE</u>

umgeben von
konditionierten menschen
zensierten welten
sterilisierten sprachen
langweiligem luxus
existenzlosen inhalten
informationsvakuum
spüren wir uns

FLÜCHTIGE

jetzt da
ich wegen dir
immerzu glücklich
bin schreibe ich
keine gedichte mehr
über das große
gefühl der verbundenheit
das meine zellen durchströmt
wie die leere
des unendlichen
universums durch das
wir fliegen oh
ja wir fliegen alle
in alle richtungen
gleichzeitig
als ob wir still ständen
um uns zu küssen
denn wo sind wir
wirklich zuhause
wenn nicht ganz hier
wo wir den atem teilen

200PROZENTIGE

kein wort keine geste
kein zögern kein warten
kein nachdenken kein
abschätzen kein fragen
kein suchen kein anderssein
oder verkehrt oder verletzt
oder nicht aufmerksam sein
kein vermissen kein
ankommen und wegrennen
kein ausziehen und anziehen
kein lieben und hassen kein
mehr oder weniger
wundern und wollen
verklären verführen
verstehen verdrehen
wir sind die die sich
durch den anderen
spüren

VERDOPPELTE

ich liebe deinen körper weil
er so alt ist wie meiner
ich liebe deine augen weil
ich dich durch sie sehe
ich liebe deine seele weil
sie so leer ist wie meine
wir greifen nach uns durch
dieses doppelte nichts und
erhaschen für einen moment
das gefühl uns zu kennen

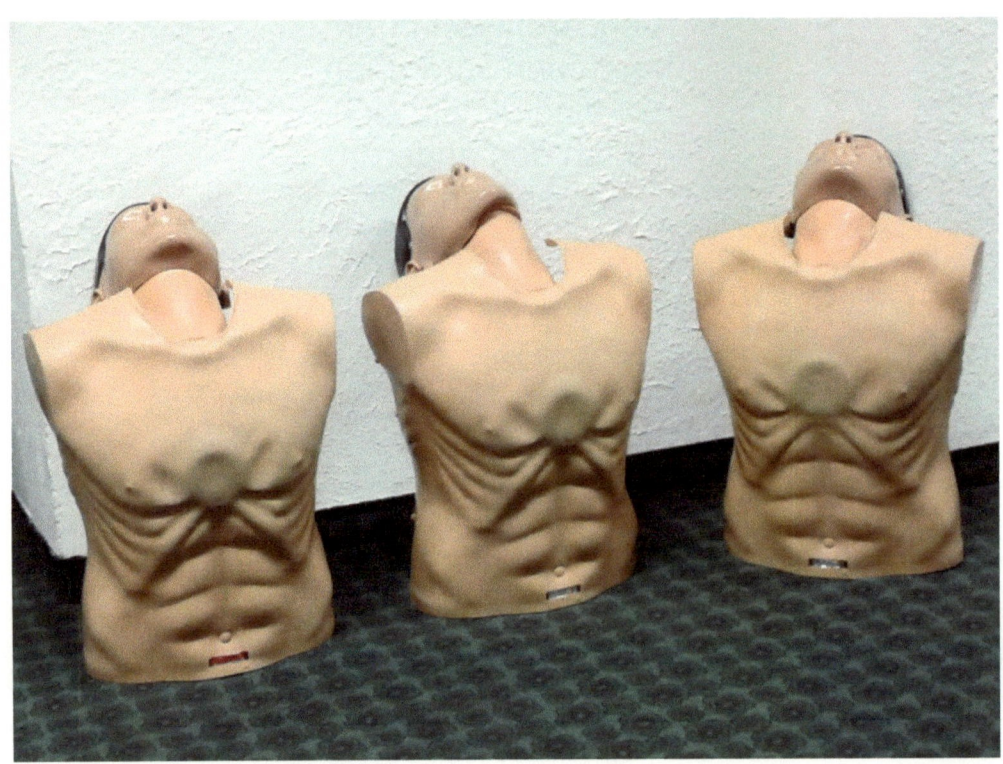

SEELEN(GER)IN(N)SEL

zwei unzertrennbare au-
genpaare gerinnen im
mittelpunkt ihres ur-
sprünglichen seins ohne
liker und follower der
sozialen hysterie zu
einem geheimnis das
nachahmer aus allen
generationen und
ländern sucht bis
niemand mehr
flüchten braucht

KOSMISCHE VERRÄTER

das verdoppelte unendlichkeitsgefühl
der in sich ruhenden vereinsamung
des gedankenlosen universums
einer zärtlichen umarmung aus
der leere des augenblicks als
sich das glück offenbart
darüber gleichzeitig
bescheid zu wissen

ÜBERTROFFENE
(THE SURPASSED ONES)

deine stimme produziert weltliteratur
unser schweißß widersetzt sich
süßßlich-scharf
der rechtschreibreform und den
pandemischen abstandsregeln
auf unseren körpern wachsen
grammatisch korrekte blumen
das leben diktiert diesen duft im
poesiefreien zwischenraum wir
übertreffen unsere eigenen fan-
tasien über das andere geschlecht

your voice producing world
literature indeed our ssweat
so ssweet and spicy capable
to resist the spelling reform as
well as the pandemic rules of
distance some flowers start to
grow grammatically correct on
our bodies in a poetry-free space
this scent is dictated by life we
are surpassing our own fan-
tasies about the other gender

KONJUNKTIEFE

hier könnte
ein liebesgedicht stehen
das aber (noch) nicht
geschrieben wurde und
nun nicht mehr hier
hin passt da
der nötige raum bereits
mit buchstaben
angefüllt
wurde

SONDI(E)RTE

der schönste ort
auf der welt
ist in dir

FINALISTEN

morgens früh
beginnt irgendwann
für die letzten liebenden
kein neuer tag obwohl
alles nach frühling duftet
und die gesamte welt
ihre knospen öffnet
mitten im kuss stirbt
das geschöpf und
hinterlässt alles
außer sich selbst
und den kuss

BIOMETRISCHE

wir haben uns
in unseren gedichten
verewigt
als wüßten wir
was liebe sei
wir waren uns
vertraut und
fremd zugleich
das leben geht
auch ohne uns und
unsere geschichten
weiter
die gesellschaft ist
eine einzige wunde
liebende sind nur
der leuchtende eiter

<u>INNOVATIEFE</u>
(DIE REVOLUTION DER BEGEGNUNG)

die welt besteht
aus sieben milliarden
interessanten menschen
aber niemand ist so
schön wie zwei
zusammen

BESTIMMTE

wir sind
der fremdkörper
in unseren knochen der
fremdgeist in unseren nerven
die anstrengung des rätselhaft
selbstverständlichen wenn wir
miteinander sprechen hat das
staunen viele unbekannte namen
wenn wir schweigen können wir das
unendliche zwischen uns berühren
und indem wir nicht verleugnen
dass sich unsre seelen kennen
können wir uns retten wenn
wir nicht mehr anein-
ander glauben

(ENTSCH)LEU(NIG)TE

der ganze aufwand
für nur zwei minuten
in denen wir zunächst
noch frieren dann ganz
plötzlich pipi müssen
und dann nicht mehr
reden können nur um
uns zu spüren als ob
es kein morgen gäbe

(ENTSCH)LEU(NIG)TE

LIEBESHORMON•DE

Tom de Toys
16.12.2024
117.E.S.
© POEMiE™

der ganze aufwand
für nur zwei minuten
in denen wir zunächst
noch frieren dann ganz
plötzlich pipi müssen
und dann nicht mehr
reden können nur um
uns zu spüren als ob
es kein morgen gäbe

Echte Liebeslyrik als "Erweiterte Sachlichkeit"

Zum 30. Jubiläum der E.S.-Forschung ("Erweiterte Sachlichkeit") erscheint im Januar 2025 die aktualisierte Neuauflage der Sammlung aller 117 Beispiele für *"echte, erfüllte"* Liebeslyrik von Tom de Toys aus den Jahren 1994 bis 2024. Den germanistischen Etikettenschwindel bemerkte De Toys quasi zufällig: zwei Wochen nachdem er das 1.E.S. "WIEDERGEBORENE" für seine damalige Muse schrieb, fiel ihm auf, dass sogenannte Liebeslyrik meist eigentlich nur Sehnsuchtslyrik ist, auch in seinem eigenen Werk, das damals mit dem kurz zuvor vollendeten 101-teiligen *"Ute Uferlos"*-Zyklus einen Wendepunkt erreicht hatte. Nach umfangreichen Recherchen stellte sich für ihn heraus: **Nur 5% aller sogenannten Liebesgedichte in der deutschsprachigen Literatur seit den Minnegesängen handeln (bis heute!) von der erfüllten Liebe, während der große Rest nur die Sehnsucht nach Liebe oder ihren Verlust und die Vergänglichkeit thematisiert.** Sowohl Standardanthologien als auch Einzelgedichtbände werden aber trotzdem mit dem Gütesiegel *"Liebeslyrik"* versehen. Nur sehr selten erwähnen Herausgeber im Nachwort eher beiläufig, dass die Liebe zumeist literarisch unerfüllt bleibt. De Toys achtet daher in seinem mittlerweile knapp 3000 Texte umfassenden Werk darauf, ob ein neu entstandenes Gedicht das *"direktpoetische"* Dokument einer erfüllten Liebesbegegnung ist oder doch nur über Liebe als ein abwesendes Gedankenobjekt anstatt realer Erfahrung spricht.

Der richtige Umgang mit Sprache oder: wie geht Sprache mit Liebenden um?

Die Liebeslyriktheorie *"Erweiterte Sachlichkeit"* steht für das Entwerfen einer Poesie, die das Erleben, die Wirklichkeit des Menschen, pur wiedergibt. (...) Da Liebe geschieht, sollte auch im Geschehen über sie geschrieben werden, um eine intensive und echte Liebesbegegnung sprachlich so authentisch wie möglich nachzuzeichnen. **Die Motivation zum Schreiben ist folglich das Leben selbst, denn ohne jenes gäbe es keine beschreibbare Grundlage.** (...) Das Leben selbst steht im Mittelpunkt und es bildet die Grundlage für De Toys' Dichtung, sodaß er zu dem Schluss kommt, *"Direkte Dichtung"* sei immer mit dem direkten, dem eigentlichen **Leben in seiner Präsenz** verbunden, da der Mensch als Teil der Wirklichkeit sich dieser nicht entziehen kann. (...) Wenn die echte erfüllte Liebeslyrik die Aufdeckung und die Benennung der wahren Gefühle ist, dessen, was in diesem Moment, in der *"Gegenwart"*, in der *"Existenz"*, ganz authentisch geschieht, kann der *"Kontakt"* wie die *"Kommunikation"* mit anderen nur im *"Bewußtsein"* all dessen vollzogen werden. (...) Die in manchen Überschriften vorhandenen Klammern ermöglichen viele Lesarten. Außerdem deuten die fehlende Interpunktion sowie die besondere Vortragsweise des Autors darauf hin, daß von den LeserInnen selbst Akzente gesetzt werden sollen, um den potenziellen Bedeutungen des Titels nahezukommen, was durchaus dazu auffordert, weiterzudenken, nachzulesen, eigene Verbindungen herzustellen. **Hinzu kommt, daß was im Rausch der Gefühle geschrieben wurde, auch in diesem gelesen werden soll, ohne einengende Regelungen.**

(Zitate von Franziska Krüger, aus: "Der richtige Umgang mit Sprache oder: wie geht Sprache mit Liebenden um", Germanistik-Hausarbeit im Seminar "Lyrikgeschichte V: Von Brecht bis zur Gegenwart" bei Dr. Michael Gratz am Institut für Philologie der Universität Greifswald im November 2004)

E R S T es M A N I F es T

DICHTUNG als Mut
zur Richtigstellung der realen Realität gegen
falsche & fahrlässige Vorstellungen der Psyche.

ECHTE POESIE informiert konzeptfrei
über gelebte Begegnungen
(anstatt bloß eingebildetes Sein
zu interpretieren), um in weitere zu münden...

Der Aufbau konkreter Ekstase-Strukturen.

DIE LYRIK spült den Mißbrauch der Sprache
(als egozentrische Ersatzwelt – genannt "Alltag") weg...

...weg mit den Symbolen & Pseudo-Gesten !

Die Sachlichkeit erweitern meint die Lust
zur angewandten Sprachlosigkeit entdecken,
das Wagnis PRAKTISCHER PRÄSENZ
in orgasmischen Tatsächlichkeiten der
situationistischen Sinnlichkeit
kontemplativer Kontakte umzusetzen.

Von der Abwesenheit über die Grundlosigkeit
hin zum Mystischen Materialismus
befreiter Augenblicke.

DAS BEFREITE WORT
FOLGT DER BEFREITEN TAT.

Das gegenwartsgerechte Gegenwort
wächst aus geteilter Nähe.

Spiegelnähe zeugt Entspiegelung.
Entspiegelung zeugt wieder Nähe.

Ohne Seinsnähe kein freier Spiegel.
(Ohne Freiheit keine Begegnung.)

KEIN DICHTUNGS-ES OHNE BEGEGNUNGS-DU !!!
Der klare Unterschied zwischen Sehnsucht & Liebe:
Die Sehnsucht "arbeutet" aus Mangel
während Liebe sich bloß wiederfindet.

ES entsteht aus Überfluss statt Trockenheit.
Keine Innere Notwendigkeit.
Alles Außen.

ZWEITes MANIFesT

Entlarvtes Spektakel
Erhabene Sabotage
Erwartete Sprengung
Entkernte Spiritualität
Enttarntes Sein
Erwachte Substanzialität
Erhoffte Schönheit
Entfachte Stofflichkeit
Etwas Selbständiges
EXISTENZ.
Entblößter Stolz
Elementares Staunen
Erwünschte Sachlichkeit
Essbarer Schock
Eigentliche Situation
GEGENWART.
Entäußerte Schutzlosigkeit
Entschiedene Sinnlichkeit
FREIHEIT.
Extreme Schamlosigkeit
Existenzielle Stimulation
Emphatische Seele
AUTHENTIZITÄT.
Erwiderte Selbstverständlichkeit
Erlaubte Schmelzung
KONTAKT.

Euphorische Schonungslosigkeit
Eklektizistische Spontaneität
Entsprechende Spannung
Effektive Sensibilität
KOMMUNIKATION.
Erlauchte Spielwiese
Erkannte Signale
Eskalierte Sexualität
Entrückter Spaziergang
Echtes Sprechen
BEWUßTSEIN.
Entmystifizierte Strahlungswärme
Ekstatische Schlichtheit
Erfundene Sorgen
Erleuchteter Schmerz
Ewiger Samstag
ERWEITERUNGS-SPEICHER POESIE
ALS EREIGNIS-SATZUNG ZUR
ENERGIE-SÄKULARISIERUNG.
Esoterische Satire

(Restlos besessen und beseelt...)

TRANSTOPISCHES ÜBERJETZT
(3.E.S.-MANIFEST FÜR ERWEITERTE SACHLICHKEIT)

ich fühle das sein... nicht
egozentrisch oder ekstatisch
weder sachlich noch sentimental
oder gar sensationistisch denn
es offenbart sich nicht vollständig
als hedonistisches higgsteilchen
oder heroisch-heimliches heiligtum
sondern nur nüchtern trunken
von absoluter aufmerksamkeit
weder delirisch noch deskriptiv
weder frei fließend noch
formal festgefahren
weder mystisch noch materiell
weder gelangweilt noch lustvoll
schwebt das so simpel komplexe
überdu zwischen uns
zwischen dir und mir
zwischen zwei inwesenheiten
die sich gnadenlos lieben
geschieht ein gemeinsamer ort
den die angst niemals sieht

POETOLÜGIE
ZUM 111.E S.-BEISPIEL "KONJUNKTIEFE"
(Die Erfindung der Lyrik durch die Erfahrung der Liebe)

Anlässlich des heutigen Geburtstages meiner Freundin und Muse beschrieb ich erst um Mitternacht zur Übergabe der Geschenke eine Gratulationskarte, die allerdings aus 4 Seiten bestand, wozu meine Inspiration nicht reichte, weshalb ich die letzte Seite mit einer Quatschnotiz füllte, die heute morgen zum 111.E.S.-Beispiel avancierte, das <u>als ein Stück Antiliteratur leicht provokativ wirkt, da es in seiner metapoetologischen Selbstreferentialität keinen tatsächlichen Inhalt präsentiert, der als sinnliches Beispiel für echte, erfüllte Liebe gelten könnte</u>, sondern sich darin genügt, das vermeintliche Genre Liebeslyrik begrifflich zu erwähnen, dabei aber die unrealistische Hoffnung schürt, es könne ein echtes Liebesgedicht irgendwann doch *"noch"* folgen, obwohl der dazu *"nötige raum"* ganz eindeutig für jeden leser nachvollziehbar *"bereits mit buchstaben angefüllt wurde"*, was die Möglichkeit einer Niederschrift paradoxerweise bereits bei ihrer Inbetrachtziehung verhindert, <u>weshalb die Gratulationsnotizrückseite im engeren Sinne eigentlich nicht als E.S.-Beispiel gewertet werden dürfte</u>, aber dem diktatorischen Größenwahn des Autors machtlos ausgeliefert ist, so dass er seinen gesamten bisherigen E.S.-Zyklus damit verhöhnt und nicht mehr damit rechnen sollte, daß sich irgendein Germanist dazu erbarmt, jemals seiner <u>Theorie der *"erfüllten, echten"* Liebe</u> als Option innerhalb der Gattung Aufmerksamkeit zu schenken, da solche Geschenke als Ausdruck der Liebe ohnedies komplett verboten werden müssten, um die Würde der Muse und den Respekt vor der letztlich spirituellen Qualität echter Liebesfähigkeit wieder herzustellen, damit zukünftige Generationen von Dichtern nicht meinen, man könne einfach machen, was man wolle, und dafür dann auch noch einen Gattungsbegriff missbrauchen, der **die älteste Tradition literari-**

scher Kompetenz und Potenz europäischer Sehnsucht darstellt, die über Jahrhunderte unterschiedlichste Variationen des Themas hervorbrachte, ohne sich anzumaßen, zu wissen, was DIE LIEBE AN SICH unabhängig von klassisch-symbolischen Andeutungen oder in moderneren Kontexten konkret Liebenden sei, wodurch das *"hier"* vorliegende <u>111.E.S.-Beispiel ein bösartiger, peinlicher und moralisch verwerflicher Affron gegen sämtliche Bemühungen seriöser Berufslyriker</u> ist, die sich mit der Relevanz des Themas bemühen, keine Mühe zu scheuen, das Bemühte bei all ihrer Bemühtheit zu vermeiden, damit sich die Mühe insofern auch hinsichtlich von Ehrungen, Preisverleihungen und Stipendien als lohnenswert erweisen könnte, was jetzt für manches Gemüt mit schwachen Nerven zu weit führen dürfte, da ein erläuternder Begleittext für Social Media Plattformen mit derartiger Überlänge nicht ansatzweise die Qualität des Gedichtes beeinflusst, das sowieso niemand liest, geschweige denn dessen Komplexität auch nur ansatzweise, um dieses beeindruckende Adjektiv nochmal zu wiederholen: *ansatzweise!* erahnen, was der delirierende Dichter überhaupt mit der <u>personifizierten Titelgebung der extrem oberflächlichen **KONJUNKTIEFE**</u>, deren insofern bis auf weiteres wenn nicht, dann aber doch genau weil, was im Grunde wohingegen, aus der Perspektive des Kettensatzes endet jetzt HIER ganz spontan.

www.Liebe2go.de

Bücher-Beispiele des Autors im BoD-Verlag

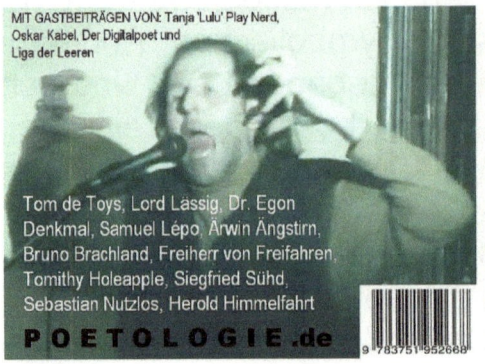

MIT GASTBEITRÄGEN VON: Tanja 'Lulu' Play Nerd,
Oskar Kabel, Der Digitalpoet und
Liga der Leeren

Tom de Toys, Lord Lässig, Dr. Egon
Denkmal, Samuel Lépo, Ärwin Ängstirn,
Bruno Brachland, Freiherr von Freifahren,
Tomithy Holeapple, Siegfried Sühd,
Sebastian Nutzlos, Herold Himmelfahrt

P O E T O L O G I E .de

*"Manche Stellen erinnern mich an Hans Arp, andere an Ernst
Meister. Und durch alle Gedichte weht der Wind des Lochismus,
der mir mit Zen und Taoismus verwandt zu sein scheint. De Toys
hat seinen ganz eigenen und eigenwilligen Stil, sein Ton trifft direkt
in die Seele, ohne die Umwege einer blumigen Bildersprache zu
bemühen. Seine Poesie ist psychologisch und transpersonal."*
Pier Zellin, in: Versuch einer Rezension der Neuropoesie

METAPOETOLOGIE DER NEUROPOESIE – Poetologie der Direkten Dichtung:
Sekundärliteratur, Gedichtbeispiele, Essays, Interviews und Rezensionen

POETROPIE / ORIGINALAUSGABE 2020 © G&GN-INSTITUT
Herstellung und Verlag: BoD – Books on Demand, Norderstedt
ISBN 9783751952668

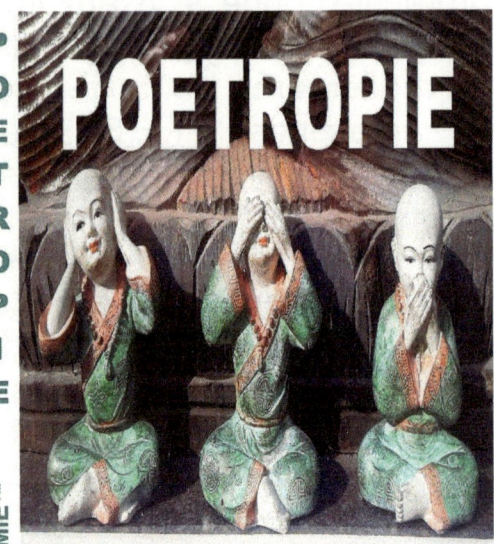

POETROPIE
P O E T R O P I E
POEMiE™

METAPOETOLOGIE DER NEUROPOESIE
inkl. Corona spezial: KLIMA, KOSMOLOGIE & KULTURPOLITIK

SOCIAL BEAT

Tom de Toys on stage: *"ZIEHT EUER GEHIRN AUS!"*
@ 2. Berliner Socialbeat-Literaturfestival, 08/1994

3 metapoetologische Manifeste und **68** repräsentativ ausgewählte thematisch
und historisch relevante **Gedichte von 1990 bis 2000** des Lyrikperformers
Tom de Toys (Gesamtwerk über 2000 Gedichte) im Rahmen der damaligen
Bewegung namens *"Socialbeat"*, der Neuen Beatliteratur aus den authentischen
Anfängen der deutschen Slampoetry: DAS legendäre Schreckgespenst der
Lyrikszene! Die **Betriebsblindheit der deutschen Literaturgeschichte** zeigt
sich in biederen Standardanthologien mit Preisträgergedichten, die gerne als
Kanon des Establishments feilgeboten werden, aber ein entscheidendes
Kapitel der subversiven Undergroundliteratur tabuisieren – aus Angst, daß
der für dumm verkaufte Leser bemerkt, was für eine hohle Popperliteratur ihm
angedreht wurde! Auch den Betreiber des G&GN-INSTITUTS De Toys verfolgt
dieses **Schicksal der vergessenen Dichter der 1990er** bis heute . . .

15 EUR (D), 132 Seiten, BoD Verlag   © *POPLITERATUR.de*

IST DAS SOCIAL BEAT
ODER KANN DAS WEG

?

SB

Lyrik der legendären 1990er

POEMiE™

Liste @ www.NEUROGERMANISTIK.de